EDICT DV ROY,

PORTANT ERECTION

& establissement d'vn Grenier à Sel
en la Ville de Gannat, Et creation
d'Officiers audict Grenier, semblable
aux autres Greniers à Sel de ce Royaume, & aux gages, & droicts con-
tenus par l'Edict de ladicte Erection
& creation du mois de May 1627.

*verifié en la Chambre des Comptes, & Cour
des Aydes le dernier May. 1628.*

A PARIS,

Par P. METTAYER, A. ESTIENE,
& C. PREVOST, Imprimeurs &
Libraires ordinaires du Roy.
M. DCXXVIII.
Auec Priuilege de sa Majesté.

LOVIS, par la grace de Dieu, Roy de France & de Nauarre, A tous presens & à venir, Salut. Le feu Roy nostre tres-honoré Seigneur & Pere, que Dieu absolue, Par son Edict du mois d'Auril mil cinq cens quatre vingts quinze, Registré en nostre Cour des Aydes à Paris: Et pour les considerations y côtenues, auroit creé & estably en chacune Chambre à Sel de nostre Royaume, pareil nombre d'Offices qu'és anciens Greniers à Sel: Neantmoins à cause de nos Lettres de Declaration du mois de Iuillet mil six cens dix, Portant reuocation & surceance de plusieurs Offices: Et entre autres de ceux defdits Officiers efdites Chambres à Sel , ledit Edict feroit demeuré fans execution en aucuns lieux , Notamment pour les Chambres à Sel de Gannat & Vichy : Ce que nous ayant efté reprefenté en noftre Confeil, par arreft donné en iceluy le trentiefme Ianuier dernier paffé , Nous aurions ordonné, que fuyuant ledit Edict , il feroit eftably, pour la commodité & neceffité publique, Vn Grenier à Sel en noftre Ville de Gannat , compofé defdites Chambres à Sel dudit Gannat & Vichy , qui feroient defunies : Sçauoir, celle de Gannat du Grenier à Sel de Montluffon , & celle de Vichy du Grenier à Sel de Moulins : Et à cefte fin que les offices neceffaires feroient taxez en noftredit Confeil, & vendus en la maniere accouftumée : Et fur les quittances du Treforier de nos parties Cafuelles en exercice , les Lettres de prouision expediees, Pour en iouyr par les pourueus, enfembles des gages & droicts y appartenans, conformément audit Edict, & à ceux de

mil cinq cens quatre vingts dix-fept, quinziefme Feurier mil fix cens vn, vingt-troifiefme Iuillet audit an, & Auril mil fix cens vingt cinq, ainfi que les pourueus de pareils offices audit Grenier à Sel de Montluffon. Et d'autant, qu'outre le foulagement que receueront les habitans des Villes & Parroiffes du reffort defdites Chambres de Gannat & Vichy par le moyen dudit eftabliffement en la prefente neceffité de nos affaires, il fe pourra tirer quelque fecours de la vente de tous les offices qui y font neceffaires: SÇAVOIR FAISONS, que Nous de l'Aduis de noftre Confeil, auquel cefte affaire a efté meurement deliberée, & de noftre certaine fcience, plaine puiffance &

A iij

authorité Royale, Avons en con-
sequence, tant dudit Edict de noftre
feu Seigneur & Pere du mois d'Auril
mil cinq cés quatre vingts quinze, que
des fufdits Edicts des
mil cinq cens quatre vingts dix-fept,
quinziefme Feurier mil fix cens vn,
vingt-troifiefme Iuillet audit an, &
Auril mil fix cens vingt cinq, eftably
& eftabliffons vn Grenier à Sel en no-
ftredite Ville de Gannat, qui fera có-
pofé defdites Chambres à Sel dudit
Gannat & de Vichy : Que nous auons
ce faifant def-vny & def-vniffons : Sçauoir celle de Gannat dudit Grenier à
Sel de Montluffon, & celle de Vichy
de celuy de Moulins : & audit Grenier
de Gannat, entant que befoing eft, ou
feroit, de nouueau creé & erigé, creons
& erigeons par ces prefentes en tiltre
d'offices formez, Trois nos Confeillers Grenetiers, & trois Controolleurs,

pour eftre anciens, alternatifs & triannaux: Deux Lieutenans: Deux Aduocats, & deux Procureurs pour nous,
pour eftre anciens & alternatifs: Deux
Gardes Controolleurs des Mefures he-
reditaires: Trois Receueurs particuliers: Trois Greffiers: Trois Maiftres
Clercs: Deux Mefureurs: Deux Porteurs & vn Garde petit Sel, auffi here-
ditaires: Quatre Procureurs poftu-
lans: Deux Huiffiers Audianciers, &
quatre Sergés Royaux. Aufquels Nous
auons donné & donnons femblable
pouuoir & Iurifdiction pour l'obfer-
uation de nos Ordonnances concer-
nant le faict du Sel, & punition des
Faux-fonniers, és lieux & Villages qui
ont accouftumé de prendre fel efdites
Chambres, Que nos Officiers des autres Greniers à Sel de noftre Royaume
ont & leur font attribuez. Pour eftre
par nous pourueus aufdits offices de

perſonues capables, qui en iouyront
aux meſmes honneurs, auctoritez, pri-
uileges, prerogatiues, preeminences,
franchiſes, libertez, droicts, proffits,
reuenus & eſmolumens dont iouyſſent
les autres ſuſdits officiers deſdits Greniers anciens, & aux gages : Sçauoir
auſdits Grenetiers, Deux cens trente
te liures chacun: auſdits Controolleurs
de Cent cinquante liures chacun : auſdits Lieutenans de Quatre cens liures
chacun : auſdits Aduocats & Procureurs pour nous de Cent liures chacun:
auſdits Greffiers de Vingt cinq liures
chacun:auſdits Receueurs de Deux cés
liures chacun : auſdits Controolleurs
& gardes des Meſures Quatre cens liures chacun. Tous leſquels gages par
Nous attribuez auſdits Officiers,Nous
voulons & entendons eſtre payez auſdits officiers & acquereurs d'iceux par
chacun an, de quartier en quartier,
par les

par les adiudicataires de nos Gabelles,
à commencer du premier iour d'Octo-
bre prochain , Aufquels en fera par
Nous tenu compte fur le prix de leurs
Baux : Et pour leurs droicts, ils les re-
ceuront tout ainfi que les Officiers defdits Greniers de Moulins & Montluffon , fans que nos Officiers defdits
Greniers à Sel de Moulins & Montluffon , au departement defquels lef-
dites Chambres à Sel par Nous prefen-
tement conuerties audit Grenier de
Gannat, ayent & ne puiffent auoir cy
apres aucune Iurifdiction, efgard , ne
fuperiorité fur ledit nouueau Grenier à
fel de Gannat,, Officiers., Villages &
lieux en dependans, ny prendre ou le-
uer aucun droict fur iceux, à caufe de
leurfdites charges & offices. Ce que
nous deffendons tres-expreffément , à
peine de faux & de reftitution de ce
qui aura efté par eux pris, enfemble des

B

dommages & interefts des Officiers
du Grenier à fel de Gannat, qui au-
ront fouffert le dommage, fauf aufdits
officiers du Grenier à fel de Môtluffon
& de Moulins de fe retirer par deuers
nous pour leur eftre pourueu fur le ré-
bourfement de la finâce par eux payée,
pour l'acquifition des droicts diftraicts
de leurs Greniers, & vnis à celuy de
Gannat, ou autrement, ainfi que nous
aduiferont eftre à faire par raifon. SI
DONNONS EN MANDEMENT
à nos amez & feaux Confeillers les
gens de nos Comptes & Cour des Aydes à Paris, Prefidens & Treforiers generaux de France au Bureau de nos Finances à Moulins, & autres nos Iufti-
ciers & Officiers qu'il appartiendra,
que noftre prefent Edict ils facent lire,
publier & regiftrer, & le contenu en
iceluy garder & obferuer de poinct en
poinct, felô fa forme & teneur, ceffans

& faifant ceffer tous troubles &empef-
chemens au cótraire : Nonobftant no-
ftredite Declaration du mois de Iuillet
mil fix cefdix, pour laquelle ne fera dif-
feré, Et toutes oppofitions ou appella-
tiós quelfconques faictes & à faire : La
cognoiffance defquelles Nous auós re-
feruée à nous & à noftre Confeil, &
icelle interdicte & deffenduë à tous nos
autres Iuges & Officiers, & quelfconques Edicts, Ordonnances, Mande-
mens, Reglemens, Deffences, & Lettres à ce contraires ; Aufquelles & à la
derogatoire de la derogatoire y conte-
nuë, Nous auons derogé & derogeons
par ces prefentes: Car tel eft noftre plai-
fir. Et afin que ce foit chofe ferme &
ftable à toufiours, Nous y auons faict
mettre noftre feel, fauf en autres cho-
fes noftre droict, & l'autruy en toutes.
Donné à Paris au mois de May, l'an
de grace mil fix cens vingt-fept Et de

noſtre regne le dixhuicteſme. Signé,
LOVIS. Et ſur le reply, Par le Roy,
POTIER. Et à coſté, VISA. Et ſeellé
du grand ſeau de cire verte, ſur lacs de
ſoye rouge & verte.

Et ſur ledit reply eſt eſcrit :

*Leu, publié & regiſtré en la Chambrs des
Comptes, ce conſentant le Procureur General
du Roy, aux charges contenues en l'arreſt de
ce faict. Le dernier iour de May mil ſix cens
vingt-huict.*

  Signé,   **BOVRLON.**

Et ſur ledit reply eſt encores eſcrit :

*Regiſtrees en la Cour des Aydes, ouy ſur ce
le Procureur general du Roy, ſuyuant & aux
charges portees par l'arreſt de ladite Cour du
iourd'huy. A Paris le ſeizieſme iour de Sep-
tembre mil ſix cens vingt-ſept.*

  Signé,   **DELAISTRE.**

EXTRAICT DES
Regiſtres du Conſeil d'Eſtat.

SVR ce qui a eſté repreſenté au Roy en ſon Conſeil, Que encores que l'intention de ſa Majeſté & du feu Roy, ait eſté que l'Edict du mois d'Auril mil cinq cens quatre vingts quinze, Regiſtré en la Cour des Aydes à Paris le vingt-neufieſme dudit mois, Portant creation de pareil nombre d'offices de Grenetiers, Controolleurs, Procureur, Greffier, Meſureurs, Porteurs de ſel en chacune Chambre à ſel de ce Royaume, ainſi qu'il y auoit de creez & eſtablis és Greniers à ſel, fut executé entierement: Et que par les Edicts de ſa Majeſté, portans creation des Offices de Grenetiers & Côtroolleurs Generaux, Lieutenans, Controolleurs & Gardes des Meſures, Receueurs Particuliers, Gardes du petit ſel, Greffiers alternatifs & triannaux, des trois Maiſtres Glercs, de quatre Procureurs poſtulans, & de quatre

Sergens en chacun Grenier, tous lefdits
Offices feuffent eftablis en toutes lefdi-
tes Chambres à Sel de cedit Royaume,
pour eftre tenuës & reputées comme
Greniers à Sel particuliers, au lieu de
Chambres, & auec ce tiltre & lefdits Offices, y eftre la Iuftice exercée, & le fel
diftribué aux habitans des Villes & Parroiffes reffortiffantes defdites Chambres. Neantmoins que par inaduertance,
ou autrement, il n'a efté iufques à prefent
pourueu à l'eftabliffement defdits offices
en la Chambre à fel de Gannat, & fe
trouue encores ioincte au Grenier à fel de
Montluffon, foit que les Officiers dudit
Grenier ayent leué quelqu'vn defdits Offices au temps de la premiere creation, ou
que par obmiffion lefdits offices n'ayent
efté employez & taxez és roolles des parties Cafuelles : Et qu'en la neceffité prefente des affaires de fa Maiefté, Et auffi
pour le foulagement des habitans des
Villes & Parroiffes du reffort de ladite
Chambre de Gannat, Il fe pourroit tirer
quelque fecours de la vente de tous lefdits offices & eftabliffement d'iceux en
ladite Chambre à Sel de Gannat : Pour
eftre à l'aduenir tenuë pour Grenier par-

ticulier diſtraict & ſeparé du reſſort du
Grenier à Sel de Montluſſon. V E V ledit
Edict du mois d'Auril mil cinq cens quatre vingts quinze, regiſtré en la Cour des
Aydes à Paris le vingt-neufieſme dudit
mois. Autres Edicts des mois de
mil cinq cens quatre vingts dixſept. No-
uembre mil ſix cens quinze. Feurier mil
ſix cens vingt-vn , & vingt-troiſieſme
Iuillet audit an , & Auril mil ſix cens
vingt cinq : LE ROY EN SON CON-
SEIL a ordonné & ordonne, que ſuyuant
ledit Edict, il ſera eſtably vn Grenier à
Sel en ladite Ville de Gannat, compoſe
de la Chambre dudit Gannat & de celle
de Vichy , Leſquelles ſa Majeſté a deſ-
vnies: Sçauoir celle de Gannat du Grenier de Montluſſon, & celle de Vichy du
Grenier de Moulins, Et à ceſte fin que
les Offices neceſſaires feront taxez audit
Conſeil, leuez, vendus & adiugez en la
maniere accouſtumée, Et ſur les quittances de Maiſtre Arnoul de Nouueau Tre-
ſorier des parties Caſuelles en exercice,
eſtre toutes lettres de prouiſion expediees : Pour en iouyr par les pourueus,
enſemble des gages & droicts y attribuez,
conformément auſdits Edicts des mois

d'Auril mil cinq cens quatre vingts quinze mil cinq cens quatre vingts dix sept, quinziesme Feurier mil six cens vingt vn, & vingt-troisiesme Iuillet audit an, & Auril mil six cens vingt cinq, tout ainsi que les pourueus de pareils Offices au Grenier à Sel de Montlusson. Faict au Conseil d'Estat du Roy tenu à Paris le trentiesme iour de Ianuier mil six cens vingt-sept.

Signé,   GORNVEL

Collationé aux originaux, par moy Cõseiller & Secretaire du Roy, & de ses Finances,

9 782329 359045